DU GOUVERNEMENT

CONSTITUTIONNEL

ET DU

REFUS DE L'IMPOT;

PAR M. LE GÉNÉRAL

Baron de Richemont,

DÉPUTÉ DE L'ALLIER.

PARIS,

Mme VEUVE CH. BÉCHET, QUAI DES AUGUSTINS, N° 55 ;

DELAUNAY, PALAIS-ROYAL ;

ET TOUS LES MARCHANDS DE NOUVEAUTÉS.

Janvier 1830.

IMPRIMERIE DE LACHEVARDIERE.

DU GOUVERNEMENT

CONSTITUTIONNEL,

ET DU

REFUS DE L'IMPOT.

DE L'IMPRIMERIE DE LACHEVARDIERE,
RUE DU COLOMBIER, N° 30, A PARIS.

DU GOUVERNEMENT CONSTITUTIONNEL,

ET DU

REFUS DE L'IMPOT;

PAR M. LE GÉNÉRAL

Baron de Richemont,

DÉPUTÉ DE L'ALLIER.

PARIS,

Mme VEUVE CH. BÉCHET, QUAI DES AUGUSTINS, N° 55;

DELAUNAY, PALAIS-ROYAL;

ET TOUS LES MARCHANDS DE NOUVEAUTÉS.

———

Janvier 1830.

DU GOUVERNEMENT

CONSTITUTIONNEL,

ET DU

REFUS DE L'IMPOT.

Il a été adressé à quelques députés et peut-être à tous, par une main inconnue et par la voie de la poste, une brochure portant ce titre : *Du Refus des Subsides,* avec cette épigraphe tirée du discours de M. Royer-Collard (17 mai 1820) : « Non, » la France ne veut pas que le Roi rende » son épée. »

Cette brochure a pour objet non seulement de signaler les dangers d'un refus de l'impôt par la Chambre élective ; mais encore de prouver son incapacité pour l'exercice d'un pareil droit.

Avant d'entrer avec l'auteur dans la discussion des principes qu'il établit pour fonder sa doctrine, et de le suivre dans les développemens par lesquels il cherche à déduire et à justifier ses conséquences, on serait peut-être tenté de lui faire un reproche d'avoir gardé l'anonyme. Non qu'en effet la chaîne de ses raisonnemens dût perdre ou gagner quelque force par une signature authentique, mais parce-que la bonne foi du lecteur réclame une garantie de celle de l'écrivain; que sa confiance repose sur l'assurance que l'intérêt de la vérité est le seul qu'on ait eu en vue; et qu'à cet égard le nom d'un galant homme cautionne très bien ses écrits.

Toutefois, dans la crainte que cette observation ne soit interprétée défavorablement pour l'anonyme, on se hâte de déclarer qu'elle ne s'adresse point à sa personne; elle ne serait applicable qu'au titre de fonctionnaire qui pourrait la rendre l'organe d'une opinion qu'elle défendrait moins par conviction que par devoir, et dans ce cas elle ne s'offensera point d'une certaine réserve de la part de celui qui n'aurait pas la même mission, si on se montre loyal envers elle, et si on ne cherche à éluder aucun de ses argumens, ou aucune des conséquences que la raison imposerait comme telles à tout esprit juste et impartial.

Le discours de M. Royer-Collard (17 mai 1820), le rapport de M. le baron Pasquier (24 juillet 1829), le discours de M. le Garde-des-Sceaux (14 avril 1828), le rapport de M. le comte Siméon (5 juillet 1829), composent l'arsenal où l'auteur puise les armes dont il fait usage pour établir d'autorité le système politique qu'il présente comme produit légitime et forcé de la nature et de l'essence des choses, système au moyen duquel il restreint le droit du vote de l'impôt par les Chambres à la stérile faculté de discuter, et par suite d'admettre ou de rejeter tels ou tels impôts particuliers, et non leur ensemble réduit ou modifié, qui constitue l'impôt de l'État, lequel est destiné à pourvoir à ses nécessités, et sans lequel la vie du corps social est suspendue ou du moins menacée.

Cette restriction résulterait, dit-on, du texte même des articles 17, 47, 48 et 49 de la Charte, où l'impôt pris dans un sens général et absolu est distingué des impôts partiels ou passagers; distinction qui constitue, à leur égard, une différenee analogue à celle qui existe entre la loi considérée comme principe et les lois présentées comme modes ou formes de son organisation et de son action.

Ainsi, de même que la loi porte le caractère d'universalité et de perpétuité, comme source du pouvoir ; de même, l'impôt, comme principe de vie du corps social, doit rester perpétuellement inviolable, dans les limites des nécessités de l'État.

L'auteur cherche à confirmer son opinion par d'autres considérations d'un ordre plus élevé. Remontant à l'origine des choses, et s'appuyant de l'autorité d'un publiciste justement célèbre (M. Royer-Collard), il fait dériver le droit de la légitimité. La royauté qui s'en trouve investie devient l'institution universelle, dans laquelle sont placées toutes les autres. De sa toute-puissance naissent les deux Chambres, qu'elle s'associe pour ne former qu'un tout, qui doit exister et se perpétuer suivant un ordre de corrélations constantes et sous certaines conditions déterminées, conçues dans l'intérêt de sa conservation. Voilà le gouvernement constitutionnel. C'est dans ce tout que réside l'omnipo-

tence parlementaire. Ce sont ces corrélations, ces conditions déterminées, qui
fixent les attributions, l'action et les contre-
poids des trois pouvoirs qui le composent.

De l'origine et de la filiation de ces
trois pouvoirs suit rationnellement, pour
la royauté, être primitif et créateur, le
droit et le devoir de conserver l'œuvre de
sa toute-puissance, s'il était menacé par
l'un ou l'autre des pouvoirs associés.

Ces principes posés, l'auteur examine
la question du refus des subsides sous les
différens rapports qu'elle peut avoir avec
l'ordre, la forme et le but du Gouvernement.

L'exercice d'un tel droit enchaînerait,
selon lui, la liberté royale, en lui impo-
sant, ou la révocation, ou le choix de tels
ou tels ministères, qui, soumis à leur
tour à la même domination, perpétue-
raient le scandale d'un désordre toujours
croissant et irrémédiable ; parceque le re-

fus du budget suppose une confiance fondée dans la disposition des colléges électoraux, et rendrait illusoire tout recours
à de nouvelles nominations.

Le refus de l'impôt, dit l'auteur, fait
avorter la prérogative exclusive de l'initiative royale.

Il investit la Chambre élective de l'omnipotence parlementaire qui fait la loi.
Alors, n'agissant plus à titre d'autorité
instituée, elle sort de la sphère constitu-
tionnelle; l'équilibre est rompu, et le système entier s'écroule abîmé.

Il y a, dit-on encore, usurpation par le
refus de l'impôt; car c'est la Chambre qui
gouverne, puisqu'il dépend d'elle d'arrêter
à son gré les mouvemens du mécanisme politique. Or, l'usurpation équivaut à l'abdi-
cation; car, en violant la règle constitutive de ses droits, elle abolit le principe
et annule les conséquences : elle a donc
cessé d'exister.

Telles sont les principales objections présentées par l'auteur contre l'exercice du droit absolu du refus des subsides, comme attributions de la Chambre élective. Il est conduit à la lui dénier, parceque les effets qu'elle produit se trouvant en opposition avec les fins de son institution, il y aurait contradiction dans l'œuvre dont elle fait partie, et par suite, incapacité d'unité et de vie.

Aussi cherche-t-il à justifier la Charte de cette imperfection par la distinction qu'il établit entre l'impôt et les impôts, entre les mots accordé et *consenti*, expression textuelle qui ne se rapporte qu'à l'acte d'une puissance secondaire et non supérieure et souveraine.

Que si la Charte elle-même paraissait obscure ou équivoque, il veut qu'elle soit appréciée moins par la lettre qui l'exprime, que par l'esprit qui l'a dictée. Or, elle prend sa source dans la monarchie; son esprit est donc monarchique par essence. L'intention de la renverser ne peut venir du pouvoir qui l'a créée. C'est donc en lui que doit résider le droit de conservation. C'est donc le mettre dans la nécessité d'en user, que d'attaquer ou de menacer son existence, etc., etc.

L'on ne s'est point astreint, dans cette analyse, à suivre l'ordre des idées de l'auteur, ni à reproduire textuellement ses expressions ; mais on croit avoir saisi le vrai sens de sa dissertation, et n'avoir affaibli aucune des objections, aucune des conséquences.

La question ne nous semble pas décidée sans retour. Elle est d'une assez haute importance pour provoquer un nouvel examen, puisque de sa solution doit dépendre, au moins en théorie, le maintien ou la destruction de la Charte, c'est-à-dire du gouvernement de l'État.

Comme l'auteur, essayons de poser les

bases de la discussion par l'exposition de quelques principes.

Comme lui, nous faisons dériver le droit de la légitimité; car où pourrait-il être ailleurs que dans ce qui est juste et légal?

Mais la légitimité, prise dans un sens absolu, n'est qu'un mode secondaire, une résultante; elle doit son existence à la volonté générale comme expression des intérêts de tous : c'est la loi.

Hors de là il n'y a plus de droit, il n'y a que la force qui ne subsiste avec ses produits qu'autant qu'elle demeure force.

La légitimité appliquée à la royauté dérive de la même source; car d'où viendrait-elle, à moins que de la force? Et ce serait lui donner la même origine que le despotisme et l'usurpation; ce serait la dépouiller de ce qui constitue le droit.

Ç'est donc entourée de cette légitimité que la royauté apparaît au milieu de nous, au jour de nos désastres et de la dissolution de l'État, pour le salut de tous.

C'est alors que « le droit, prenant possession du fait, reconstitue la société » sur les bases de l'intérêt général que les évènemens passés ont développé, et que l'état présent des choses impose comme conditions et données du nouveau problème politique.

Il est résolu par le gouvernement constitutionnel, qui se trouve ainsi fondu dans la royauté, dans le droit, dans la légitimité, c'est-à-dire, investi de tout ce qui commande respect et obéissance.

Mais le pouvoir qui l'a constitué tel s'est modifié lui-même. La royauté, en donnant la Charte, a abdiqué la puissance suprême qu'elle possédait à ce titre. Son dernier acte est celui de sa volonté créatrice, manifestée par la concession et la mise en vigueur de l'œuvre de sa haute intelligence. Elle n'a plus conservé que la portion d'autorité qu'elle s'est réservée, pour être exercée dans la sphère qu'elle s'est attribuée.

C'est ainsi qu'elle a de même fixé celle qui appartient aux deux Chambres, èt tracé le cercle de leurs oscillations politiques.

Sans doute la royauté ne pouvait vouloir détruire, car elle n'eût point créé.

C'est donc dans une intention de perpétuité qu'elle a dû calculer ses combinaisons; de telle sorte que chacune des trois puissances qui sont en action, en concourant à l'objet final du système entier, ne pût ni nuire aux deux autres, ni en recevoir de dommage.

Le droit de conservation ne pouvait appartenir exclusivement à l'une d'elles, car elle fût restée maîtresse des deux autres. Il devait demeurer indépendant pour chacune, et résulter de leurs fonctions et attributions respectives.

Faisons au Gouvernement fondé par la

Charte l'application des principes posés.

Deux pouvoirs y prédominent : le Roi d'un côté, et la nation de l'autre.

Que cette antithèse n'excite point les clameurs des amis de la monarchie : c'est l'expression d'un fait, et non point un système. Le moyen de s'entendre est de s'expliquer franchement. Est-ce donc une vérité de nouvelle date ?

L'histoire du monde entier offre-t-elle un autre spectacle, un autre état de choses? Seulement les rapports des princes et des peuples n'étant réglés par aucune institution fixe et positive, ont produit, suivant les temps, suivant les degrés de civilisation ou de barbarie, suivant les embarras et la gravité des circonstances, tous les accidens qui devaient nécessairement résulter de l'action de deux forces dont les efforts continus et souvent opposés n'étaient modérés par aucun régulateur.

Qu'il me soit donc permis de reproduire

innocemment un fait contemporain des premières sociétés, un fait préexistant aux révolutions modernes, et de remettre en présence, aux deux extrémités du levier politique, le Roi et la nation, comme la Charte elle-même les a placés. N'oublions pas que cette Charte est l'œuvre de la royauté.

Ces deux pouvoirs, rivaux et ambitieux de leur nature, ne pouvaient se maintenir en équilibre qu'autant que les attributions de chacun seraient déterminées positivement, invariablement, et qu'elles feraient réciproquement contre-poids à leurs prétentions respectives.

Ainsi le Roi gouverne, en tant que gouverner c'est pourvoir à la sûreté intérieure et extérieure de l'État; c'est diriger, dans les intérêts de sa puissance et de sa prospérité, l'administration générale du royaume; régler le choix de ses alliances politiques; maintenir et étendre ses relations commerciales; c'est conserver et protéger les droits de chacun; c'est rendre à tous une justice impartiale; c'est enfin veiller avec sincérité à la ferme et constante exécution des lois.

C'est pour remplir cette haute mission que le Roi dispose de la force armée; qu'il nomme à tous les emplois de l'administration; qu'il déclare la guerre et fait la paix; qu'il règle par des traités les relations politiques et commerciales; qu'il a enfin l'initiative exclusive des lois et de l'impôt qui doit satisfaire aux besoins de l'État, aux moyens d'exécution.

La Chambre des députés fait contrepoids à sa puissance, comme le représentant légal de la nation.

Faut-il que nous soyons encore si voisins des révolutions, et par cela même si ombrageux pour tout ce qui semble les rappeler, que ce soit presque une nécessité de justifier chaque expression qui réveille un souvenir ou blesse une susceptibilité... Oui, le représentant légal; nous n'en pouvons rien rabattre.

C'est la Chambre des communes en présence de la royauté. Et les communes sont-elles autre chose que la nation elle-même? La dénomination de *députés des départemens* n'est qu'une locution timide qui ne change rien à la chose. Les départemens ne sont-ils pas les grandes familles de la France! et n'est-ce pas leur réunion qui compose la nation tout entière?

Qu'un simple *mot* ne devienne donc plus un cri d'alarme, puisqu'il n'exprime que l'un des termes d'un rapport politique réglé par la loi elle-même.

Ainsi la chambre élective pèse à l'autre extrémité du levier comme contre-poids de la puissance royale; comme elle, elle coopère à la formation de la loi par ses discussions et son vote.

Elle possède une autre attribution qui

lui est propre et qui lui appartient comme organe immédiat des intérêts de la communauté : c'est l'examen, la discussion et le *vote préalable* de l'impôt. C'est à elle que la proposition en doit être adressée *d'abord;* il ne peut avoir force de loi, c'est-à-dire il ne peut être légalement exigible, qu'autant qu'il a été consenti par elle.

Ce n'est point ici un droit partagé, exercé concurremment. C'est elle qui a l'initiative exclusive de l'admission ou du refus, et cette prérogative constitue son seul moyen de salut, sa seule défense légitime contre les prétentions ou les agressions du pouvoir qui dispose et des faveurs et de la force armée.

De même aussi, les diverses attributions qui ne sont que les conditions nécessaires de l'action du pouvoir exécutif, n'auraient point suffi pour mettre la royauté à l'abri des entreprises d'un pouvoir rival : pou-

voir d'autant plus redoutable, que son ac-
tivité est constamment entretenue par la
fermentation intestine des élémens qui le
composent, et par l'influence extérieure
des principes ou des opinions qui ont
présidé à sa formation, c'est-à-dire par la
nature même de son origine.

Il fallait donc aussi à la royauté une
sauve-garde et des moyens de résistance
assurés. Une sage prévoyance les lui a con-
servés en l'armant du *veto* suspensif et
du droit de dissolution de la Chambre.

Ainsi, non seulement elle a l'initiative
des lois, pour ne proposer que celles qui
lui conviennent; mais encore, elle a le
droit de leur refuser sa sanction, si les
amendemens qui ont modifié la proposition primitive contrarient sa pensée et
son but.

Ainsi la Chambre est dissoute et ren-
voyée, si la conduite qu'elle tient, ou *seulement* l'esprit qui l'anime, paraît hostile

ou *seulement* incommode à la couronne.

Cette double prérogative est exercée spontanément, et sans qu'il devienne nécessaire d'en motiver l'emploi. Toutefois les colléges électoraux doivent être convoqués dans un délai déterminé, pour l'élection d'une Chambre nouvelle.

Tant de précautions imaginées pour assurer l'union et l'indépendance des deux grands pouvoirs sociaux, auraient pu paraître suffisantes; mais une méditation profonde sur la tendance à l'usurpation, propriété inhérente à leur nature et commune à tous deux, a dû faire redouter, pour l'avenir, les résultats funestes et probables de leurs efforts opposés. Cette inquiétude raisonnable, confirmée d'ailleurs par l'histoire et par notre propre expérience, a conduit la haute intelligence à laquelle nous devons la Charte constitutive de notre heureux gouvernement, à chercher en dehors de l'action des deux puissances rivales un autre moyen de stabilité.

Une troisième force est introduite dans le système. Sa participation est rendue indispensable pour l'accomplissement de chacun des actes qui résultent de l'ensemble et qui en sont le but final; mais indépendante de chacun des moteurs dans leurs efforts désordonnés, elle conserve, entre les deux, une mobilité régulatrice qui la porte précisément au point où son action devient nécessaire pour rétablir l'équilibre et prévenir une dislocation.

Cette image nous semble représenter les mouvemens de notre système politique avec une justesse et une exactitude rigoureuses. C'est un levier aux deux extrémités duquel agissent deux forces puissantes, mais variables dans leur action. Une lentille mobile et d'un grand poids occupe le centre de gravité du système tant que les forces extrêmes se font équilibre; mais s'il est rompu par l'effort irrégulier de l'une d'elles, la lentille, par un mouvement d'échappement qui en est le produit, est mise en liberté et vient occuper, sur l'un ou l'autre bras du levier, la position où son propre poids rétablit l'équilibre détruit.

Revenons à l'application. Cette troisième force, ce nouveau moyen de stabilité, c'est la Chambre des Pairs, dont le réunion avec la puissance royale et la Chambre élective constitue l'omnipotence parlementaire qui fait la loi; et cette loi, expression unanime des trois pouvoirs qui concourent à la former, régit souverainement l'État.

En outre des attributions partagées avec les deux autres pouvoirs, la Chambre des Pairs devait avoir sa prérogative particulière : elle lui a été conférée par l'hérédité de ses fonctions.

Ainsi, indépendante des séductions et des entreprises du pouvoir, indépendante des murmures ou des faveurs populaires, elle réunit toutes les conditions qu'exige son rôle politique. Elle n'a qu'un seul intérêt, celui de la conservation du système, parceque la sienne y est attachée.

Les libertés publiques sont-elles menacées, elle se rapproche de la Chambre élective pour les soutenir avec elle. Les prérogatives royales sont-elles attaquées, elle fait au trône un rempart de sa puissance défensive.

Telle est, nous pensons, la véritable fonction de la Chambre des Pairs ; exempte de toute autre passion que celle du bien, c'est la sagesse placée au centre de l'édifice constitutionnel, et veillant à sa conservation.

D'autres peuvent y voir « l'inégalité re- » connue, consolidée et érigée en pouvoir » social ; » mais ce point de vue présente

une tout autre association d'élémens con-
stitutifs, qui me semble dénaturer le système et compromettre sa fixité, en ce qu'un
autre intérêt que celui de sa conservation
s'y trouverait introduit et pourrait dans
certaines circonstances prévaloir avant
tout.

D'ailleurs à quelle fin cette inégalité érigée en pouvoir social? . . . *Pour la rendre
inviolable et immortelle*, dit l'honorable auteur de la pensée. — Mais ne l'est-
elle pas par le fait, sans qu'il soit nécessaire de la consacrer légalement?

En effet, ou elle résulte de la fortune,
et dans ce cas elle rentre dans la propriété,
dont la protection est le premier objet des
sociétés; ou elle provient de la naissance,
c'est-à-dire de l'illustration, et dans ce cas,
qui pourrait contester un fait qu'il n'est
pas en la puissance humaine de mécon-
naître ou de détruire?

Faut-il que ces avantages établissent

un privilége particulier pour ceux qui s'en trouvent accidentellement et heureusement pourvus, quand le premier de tous les biens, le plus juste et le plus précieux de tous les droits (l'égalité devant la loi) est assuré à tous les Français?

Nous ne le pensons pas; nous croyons au contraire que ce serait un motif de jalousie, un germe de division jeté dans la société à son détriment.

Comment donc pourrait-il devenir un élément d'ordre et de stabilité?

L'idée de l'inégalité érigée en pouvoir social nous semble appartenir plutôt à la féodalité du moyen âge qu'au régime constitutionnel. Qu'est-ce, aujourd'hui, qu'une aristocratie sans priviléges, qui par conséquent n'a plus d'existence réelle dans la nation, et qui serait représentée par la Chambre des Pairs? — Quel intérêt social représenterait-elle en effet?

Les titres nobiliaires de ducs, de comtes, de barons, ne sauraient être invoqués comme preuve d'une aristocratie subsistante; car ils ne sont plus que les souvenirs d'une puissance qui a cessé d'être, ou les signes d'une illustration de race ou personnelle. Il n'y a plus en France ni duchés, ni comtés, ni baronnies.

Si la Chambre des Pairs peut figurer dans notre gouvernement comme élément aristocratique, c'est seulement en raison de la prérogative légale de l'hérédité de ses fonctions. Mais, sous ce rapport, la société n'offre rien qui lui soit identique, rien qui lui soit homogène ou même analogue. Elle n'est donc point là pour représenter les droits d'une classe qui n'existe pas.

Sa prérogative lui est exclusivement personnelle. C'est d'elle qu'elle tient son indépendance et sa force; sans elle l'institution n'eût été qu'un monument de

servilité et peut-être un instrument d'op-
pression.

Il nous a donc paru que le rôle de mo-
dérateur que nous lui avons attribué était
plus approprié au temps et à la nature des
choses, sans être ni moins glorieux ni
moins utile.

La Chambre peut encore obtenir de sa
composition une influence salutaire pour
l'État. La considération publique qui s'at-
tache à tout ce qui est honorable doit
naturellement guider les choix de la puissance royale.

La Chambre des Pairs sera d'autant
plus respectée, d'autant plus honorée elle-
même, qu'elle comprendra dans son sein
les illustrations les plus éclatantes, les plus
nationales, anciennes et modernes; car si
les services passés commandent, comme
l'histoire, la reconnaissance de la mé-
moire, les services contemporains, qui ob-
tiendront un jour le même prix, pèsent

aujourd'hui de tout le poids de leur mé-
rite présent dans la balance de la justice
royale.

Quelle récompense plus magnifique
peut en solder la dette? Quelle plus
noble palme pourrait être offerte à l'am-
bition et à la concurrence de tous les
talens, de toutes les gloires?

Des considérations d'une nature toute
politique peuvent aussi, dans certains cas,
influencer exclusivement les choix de la
couronne. C'est un droit qui lui appartient
et qui commande le respect.

Ce ne sera point y manquer que de
faire observer qu'indépendamment de la
défaveur qui accompagne souvent les nominations de cette espèce, elles satisfont
rarement à l'intérêt momentané qui les a
provoquées. Si elles acquittent une première dette, elles échappent promptement
à l'influence qui a prétendu les maîtriser
pour toujours.

Quelle que soit en effet l'opinion personnelle des nouveaux membres admis dans une société quelconque, mais permanente et instituée dans un but déterminé, elle cède bientôt à l'esprit qui domine le corps entier, sans toutefois que ce changement puisse être attribué à l'ingratitude ou à l'inconstance.

L'œil a changé de position, la scène ne peut être la même. Faut-il s'étonner que l'opinion ait varié comme elle?

Le système politique dont nous venons de décrire et raisonner les heureuses combinaisons n'aurait point encore obtenu la garantie de perpétuité qui devait assurer et fixer l'avenir, si le monarque investi des hautes attributions et prérogatives de la royauté avait pu participer des faiblesses humaines, et encourir, non pas la chance, mais la seule possibilité du blâme.

Le respect ainsi que l'intérêt des peuples ont placé sa personne sacrée dans une sphère supérieure, où elle reste voilée du nuage de l'inviolabilité. Son intelligence et sa volonté, sources de tous biens, demeurent étrangères aux maux qui pourraient être opérés en son nom; et, par une équitable compensation, témoignage incontestable de ses intentions bienfaisantes, elle assujettit aux risques de la responsabilité les ministres qu'elle s'est choisis.

Tel est le glorieux fronton qui couronne l'édifice constitutionnel.

Encore peu familiers avec ses nobles et larges distributions, avec ses nombreuses et utiles dépendances, à peine si nous osons les parcourir d'un pas mal assuré. Effrayés par les échos de ses voûtes retentissantes, à peine si nous osons croire à sa solidité!... Rassurons-nous; c'est pour notre salut qu'il est fondé. C'est dans son sanctuaire que se rendent les oracles qui intéressent nos destinées...; sachons les étudier et les comprendre.

Abandonnons l'allégorie pour rentrer dans la réalité, et arrivons enfin à la question que nous nous sommes proposé d'examiner, mais que nous ne pouvions discuter avec fruit qu'après nous être bien entendus sur les principes et sur leur application dans les combinaisons de notre Gouvernement; car la question touche en effet, et à l'essence et à la forme de notre système constitutionnel; elle peut être ainsi posée :

Le droit du refus de l'impôt appartient-il à la Chambre élective?

Est-il compatible avec l'exercice de la prérogative royale, avec la forme et le maintien du Gouvernement, avec le salut de l'État?

Si les principes que nous avons émis sont justes; si notre description du gou-

·vernement fondé par la Charte est exacte; si la corrélation établie entre les trois pouvoirs qui le composent résulte effectivement de la lettre et de l'esprit de l'acte souverain qui le constitue, nous avons toutes les données requises pour la solution de la question. Il ne s'agit plus que d'apporter à son examen la bonne foi, c'est-à-dire, la sincérité de cœur et d'esprit avec laquelle on doit poursuivre la recherche de la vérité.

Attaquons la question au vif.

Le droit du refus de l'impôt appartient-il à la Chambre des députés?

Nous répondons *affirmativement*, et nous justifions notre assertion par les paroles mêmes de la Charte; elle dit :

ARTICLE 17. « La proposition de la loi » de l'impôt doit être adressée d'abord à » la Chambre des Députés. »

ARTICLE 47. « La Chambre des Dé-

» putés reçoit toutes les propositions
» d'impôt. »

Article 48. « Aucun impôt ne peut
» être établi ni perçu, s'il n'a été consenti
» par les deux Chambres. »

Cherchons avec candeur à déter-
miner le vrai sens de chacun de ces
articles, d'après le texte littéral, concurremment avec l'appréciation judicieuse des
motifs qui le confirment et le légitiment.

Ne sommes-nous pas forcés de reconnaître que l'article 17 embrasse l'universalité des impôts de toute espèce, sous
la dénomination générale de *Loi de
l'impôt.*

En effet, s'il n'eût été question que de
quelque impôt nouveau, passager, acci-
dentel, l'article en eût fait la distinction
positive; mais ce n'est pas de tel ou tel
impôt qu'il s'agissait ici. La Charte, avant
d'entrer dans les détails, devait d'abord
fixer le principe; c'est-à-dire assurer l'im-

pôt tout entier. Il fallait, avant tout, le constituer, le légaliser, le rendre obligatoire. Voilà pourquoi il est ici présenté comme loi de l'impôt. — C'est le budget tout entier.

Or, toutes les lois ne s'établissent que par le consentement des deux chambres, exprimé par un vote régulier.

L'impôt (pris dans le sens le plus général) n'est donc constitué loi que lorsqu'il a triomphé de cette double épreuve.

Mais comme c'est à la Chambre des Députés que la proposition doit être adressée *d'abord*, c'est elle qui prononce réellement, non pas l'admission, puisqu'il faut le concours des deux chambres, mais bien le refus absolu, puisqu'il n'y a plus lieu à délibérer après son rejet.

« La Chambre des Députés reçoit toutes » les propositions d'impôts, » dit l'article 47.

Ici, ce n'est plus la loi de l'impôt, ce sont toutes les propositions d'impôts. N'est-il pas évident qu'il s'agit de certains impôts qui, compris dans l'impôt général, sont de leur nature susceptibles d'une discussion particulière , en tant qu'ils peuvent varier pour la durée, l'assiette, le mode de perception, etc., etc., tels sont les droits-réunis, les douanes, le monopole du tabac, la loterie, etc., impôts qui, tous, pouvaient donner lieu à des propositions distinctes, sans toutefois cesser de figurer dans la loi de l'impôt; car alors le ministère serait resté indépendant des Chambres pour tous ceux qui auraient été consentis pour un plus long terme que l'année parlementaire.

Quatorze ans d'expérience ont confirmé le sens et l'application de cet article.

Remarquons que c'est la Chambre des Députés qui reçoit ces propositions d'im-

pôt. Cette prérogative est la consé-
quence naturelle de celle qui résulte de
l'art. 17.

L'art. 48 n'est que le complément de
celui qui le précède. Le texte en est positif. Il n'admet ni commentaire ni inter-
prétation.—Point d'impôts exigibles sans
le consentement des Chambres, fussent-
ils partiels, temporaires et proposés sépa-
rément de la loi de l'impôt.

Que devient donc la distinction établie
par l'auteur de la brochure anonyme,
entre l'impôt pris dans un sens collectif
et absolu, et tels ou tels impôts considérés
isolément, puisque la Charte, après avoir
soumis la loi de l'impôt général à l'acceptation de la chambre élective, y présente
aussi les impôts particuliers, et qu'en définitive aucun ne peut être perçu, s'il
n'est consenti par les deux Chambres.

La distinction plus subtile que l'auteur
élève encore entre les mots *accordé* et

consenti, nous paraît une objection plus spécieuse que réelle.

Il serait au moins étrange de faire résulter du choix d'une expression douteuse les rapports de deux pouvoirs qui ne sont rien moins que le Roi et la Chambre élective; mais nous consentons à subir toute la rigueur du mot.

Ne se rapporte-t-il, en effet, qu'à l'acte d'une puissance secondaire, et non supérieure et souveraine, ou n'exprime-t-il pas plutôt tout simplement l'assentiment donné à une proposition, sans rien décider sur la prééminence des deux puissances engagées dans l'acte, sinon que l'une a l'initiative et l'autre la décision?

Cette acception nous semble du moins s'accorder parfaitement avec la nature de la chose exprimée. Mais qu'il nous soit pardonné de traiter l'objection de pure futilité.

Nous aurions pu nous prévaloir de

l'art. 49, ainsi conçu : « L'impôt foncier
» n'est consenti que pour un an, » pour
prouver que l'art. 47 n'est effectivement
relatif qu'aux impôts dont l'établissement
peut être voté pour plusieurs années, précisément par la raison qu'il fait une exception particulière pour l'impôt foncier.
Cette exception s'explique par l'espèce de
cet impôt, si différente de celle des autres
impôts que nous avons cités ; par l'influence qu'il peut avoir sur la prospérité
publique, sous le rapport de l'agriculture
et de certaines industries ; par l'importance
politique que le gouvernement pourrait
y attacher, comme à l'une des bases sur
lesquelles reposent les droits des électeurs
et des éligibles, etc.

Nous croyons avoir justifié jusqu'à l'é-
vidence l'affirmation par laquelle nous
avons devancé le résultat de notre examen de la première partie de la question
qui nous occupe. Nous déclarons de nou-

veau, avec toute la solennité d'un verdict de conviction : —Oui, le droit de refuser l'impôt appartient à la Chambre des Députés.

La seconde partie de la question touche à tous les ressorts du système constitutionnel, à tous les intérêts d'État; elle comprend le gouvernement tout entier. — Osons l'aborder; et si la franchise de notre discussion ne fait point autorité pour sa décision, qu'elle témoigne au moins de notre impartialité.

Il ne s'agit plus d'un droit contesté; la Charte nous l'a donné, et nous l'avons proclamé d'après elle. C'est l'exercice de ce droit qu'il faut suivre dans ses applications, afin d'en apprécier les conséquences et de s'assurer qu'elles ne blessent point la prérogative royale; qu'elles ne contrarient ni la forme ni le but du gouvernement; qu'elles ne compromettent enfin ni le trône ni l'État.

Quelque orageuse que puisse être, dans certaines crises politiques, la fermentation qui agiterait les esprits, si les Colléges électoraux conservent l'indépendance que la loi leur garantit, la Chambre des Députés doit toujours présenter une majorité positive pour la défense des institutions fondamentales de l'État et pour le maintien de l'ordre et de la tranquillité publiques, parcequ'il est un intérêt qui prédomine tous les autres, celui de conserver ce que l'on possède, et que toute Chambre librement élue représente cet intérêt, quelle que soit d'ailleurs l'opposition des principes politiques qui pourrait diviser et les commettans et les mandataires.

De cette présomption fondée doit naturellement résulter la probabilité rassurante que la Chambre ne se porterait à des mesures extrêmes qu'autant qu'elle jugerait en effet les institutions en péril et la tranquillité menacée.

Ainsi, le recours à ces mesures extrêmes serait pour le prince un avis salutaire des dangers et des orages qui menaceraient le pays.

Il serait également pour la Chambre un moyen de manifester solennellement ses inquiétudes ou ses terreurs.

Mais ces dangers ne peuvent provenir que du pouvoir qui, disposant exclusivement de tous les moyens d'administration et de gouvernement, est par conséquent le seul qui pourrait entreprendre sur les droits et les libertés publiques.

Or, la personne sacrée du monarque qui est investi de cette puissance en délègue l'exercice à des agens révocables à sa volonté et responsables envers les Chambres.

C'est donc le ministère seul qui pourrait être signalé comme l'origine et la cause effective des périls et des troubles qui menaceraient l'État.

Remarquons combien sont fécondes les

ressources que présentent les heureuses combinaisons du gouvernement constitutionnel, puisque dans une crise de la nature de celle dont nous admettons la possibilité, et qui dans tout autre gouvernement pourrait n'être résolue que par l'essai incertain et toujours funeste de la force contre le droit, elle ne saurait aboutir chez nous qu'à la mesure légale et conciliatrice d'une simple révocation d'un ministère ou de sa mise en accusation.

Le moyen extrême dont la Chambre tenterait l'épreuve pour appeler l'attention et la justice royale ne pourrait être que le refus de l'impôt. C'est le seul qui soit à sa disposition, le seul qui lui soit permis; c'est la prérogative dont elle a été armée pour son salut et celui de la chose publique. Il serait donc de son intérêt et de son devoir d'en user, si les circonstances l'exigeaient.

L'attribution d'un tel droit (car il n'est

plus possible de le dénier à la Chambre) ne peut être, nous dira-t-on, que comminatoire; son application ferait avorter l'initiative de la couronne, enchaînerait la liberté royale et bouleverserait l'État. Du moment où il est exercé, le système est détruit; il n'y a plus que désordre et absence de tout gouvernement.

Nous répondrons qu'une menace qui ne devrait être suivie d'aucun effet, serait illusoire et que le droit manquerait de sanction;

Que l'initiative royale ne saurait être plus compromise à l'occasion de l'impôt qu'à l'égard de toute autre loi, puisque dans l'un et l'autre cas elle ne constitue qu'une proposition soumise à discussion, à modification ou à refus d'acceptation;

Que la liberté du Roi reste entière dans les limites qu'il a lui-même imposées à son exercice, c'est-à-dire dans le

cercle des actes compatibles avec la conservation du gouvernement dont il fait
partie, et par conséquent dans ses intérêts comme dans ceux de l'État; d'autant
que cette restriction qui n'atteint que sa
sphère d'action politique, laisse encore
une alternative à son libre arbitre, puisqu'il a le choix d'accepter les conséquences du refus de l'impôt, ou d'en appeler
au jugement du pays par la dissolution
de la Chambre et la convocation des Colléges électoraux.

On prétendra que ce recours serait im-
puissant, parcequ'un refus du budget
supposerait une connaissance positive de
la disposition des électeurs en faveur de
la Chambre.

Que cette confiance existe, nous devons
le reconnaître; car la Chambre qui se porterait à une telle extrémité ne pourrait
s'y décider que dans la conviction absolue
qu'elle agirait dans les intérêts du pays;

et alors n'est-ce pas dans l'opinion publique qu'elle doit naturellement chercher son point d'appui? Mais le soupçon d'une connivence factieuse avec les Colléges électoraux ne saurait être une crainte fondée ni même une supposition raisonnable, car ce serait admettre que la nation tout entière peut n'être qu'un parti, qu'une faction.

Si donc la Chambre était réélue et l'impôt refusé de nouveau, il faudrait bien forcément recevoir cet arrêt comme l'expression vraie de l'opinion universelle.

Comment imaginer, en effet, que les quatre-vingt mille propriétaires les plus riches et les plus éclairés du royaume puissent se laisser séduire au point de hasarder leur fortune et leur tranquillité, en consentant à soutenir une mesure dont ils ne peuvent manquer d'apprécier toute la gravité, si elle n'était pas considérée comme un moyen de salut!

Comment concevoir, enfin, que de l'urne électorale où s'agitent les destins de la France avec les noms des candidats, il ne sorte que des choix qui seraient en raison inverse du bon sens et de l'intérêt public!

Ne devons-nous pas conclure de ce qui précède que les terreurs que semble inspirer la possibilité d'un refus de l'impôt sont exagérées; que la crise qu'il produit ne peut être que salutaire, puisqu'elle fournit à la couronne l'occasion de reconnaître si le ministère qu'elle s'est choisi n'a point en effet trompé sa confiance, ou si la Chambre, par une résistance intempestive et non motivée, n'a pas manifesté un esprit de turbulence et d'usurpation qu'il importe de dénoncer à la sagesse de la France entière, et d'étouffer incontinent par un appel à de nouvelles élections.

Du reste, aucun service public n'é-

prouve d'interruption subite : les dé-
penses de l'État, soit envers les tiers
comme irrévocables, soit envers lui-même
aux fins de sa propre existence, sont
toutes assurées pendant une période de
temps assez longue pour que le remède
arrive à propos.

Mais pourquoi recourir à cet acte de
rigueur, qu'on pourrait suspecter de vio-
lence, quand la Chambre a le droit d'ac-
cuser les ministres?

Oui, ce droit lui appartient; mais il ne
remédie point au danger du moment; il
n'arrête pas le mal qui menace; son action
est lente, incertaine et souvent illusoire.
La couronne sentira un jour les inconvé-
niens attachés à ces difficultés, entrevues
peut-être comme moyens d'évasion, et
qui, par cela même, pourraient pousser
les Chambres aux mesures extrêmes. D'ailleurs l'accusation ne peut atteindre que
les actes et non les terreurs fondées, les

périls imminens, dont il n'est pas moins urgent d'affranchir l'État.

Si les seuls actes des ministres peuvent fournir matière à une accusation, leurs actes aussi ne sont-ils pas les seules causes qui puissent provoquer un refus de l'impôt?

La réponse à cette question doit être déduite des motifs qui ont présidé à la collation du droit auquel elle se rapporte. Or la Chambre l'a reçu pour sa défense personnelle, comme contre-poids à la puissance royale, comme moyen de conservation de l'unité et de l'intégrité des trois pouvoirs qui constituent le gouvernement. C'est donc dans ce triple but qu'elle peut et qu'elle doit l'exercer.

Il serait hors de propos et d'ailleurs inutile de soumettre à cette épreuve les abus possibles qui peuvent résulter des attributions ministérielles, et donner lieu à l'application du droit. Ce sont les évènemens que le hasard amène ou que certaines situations politiques développent, qui tracent, avec le temps, les lignes incertaines d'une compétence dont la Chambre reste, en définitive, le juge suprême; et c'est dans cette incertitude même que réside la plénitude de son privilége.

Nous ne voulons pas cependant nous prévaloir de notre observation pour esquiver une difficulté, en évitant d'aborder une question délicate qu'un acte d'autorité royale encore récent a soulevée de toutes parts.

Un ministère nouvellement choisi, dont aucun acte public n'a signalé les intentions hostiles, peut-il raisonnablement devenir l'occasion d'un refus de l'impôt?

Cherchons la solution du problème dans l'application des principes que nous venons de poser.

La raison ne permet pas d'admettre

que le Roi puisse choisir pour déposi-
taires de sa puissance d'autres ministres
que ceux qu'il croirait sincèrement dévoués à ses intérêts, entendus dans le sens
des rapports intimes établis entre l'autorité royale et les autres pouvoirs de l'État,
c'est-à-dire sincèrement dévoués au gouvernement du pays, comme seule base
solide sur laquelle repose avec sécurité le
trône constitutionnel.

Mais le Roi, dont les intentions sont
toujours bienveillantes, toujours pures et
seulement capables du bien, n'est point,
comme homme, à l'abri des erreurs de
l'humanité; d'autres intérêts que ceux de
sa couronne peuvent s'agiter autour de
lui, et se déguiser sous le masque de
l'affection et de la fidélité; le souvenir de
ce qui fut autrefois n'est point encore
remplacé dans toutes les intelligences par
le sentiment des nécessités présentes; un
conseil funeste peut être astucieusement

enveloppé de paroles séduisantes; il peut enfin être accueilli par la bonne foi et la sincérité.

Supposons donc qu'un jour apparaisse sur l'horizon politique un ministère composé de personnages éminens, honorables sans doute, mais reconnus pour professer des opinions opposées à l'ordre de choses existant, à la forme du gouvernement, aux droits et aux libertés publiques; que ces opinions manifestées hautement ne laissent aucun doute sur leur caractère et leur réalité; que, dans certaines circonstances, elles aient été accompagnées de faits positifs qui en étaient les conséquences naturelles; dans une telle position donnée, quelle conduite aurait à tenir une Chambre dévouée au prince et au pays?

Ne fera-t-elle aucun compte du passé pour fonder les prévisions de l'avenir? Hasardera-t-elle des espérances que les

probabilités repoussent ? Compromettra-
t-elle enfin les destinées de l'État, dans
la crainte de paraître injuste et passion-
née ?

Nous en appelons à la raison, à la justice, à l'impartialité, et nous rendant
l'interprète de leur décision, nous osons
déclarer que la Chambre, dans de pa-
reilles circonstances, et dans les fins de
son institution, userait sagement de son
droit en refusant l'impôt ;

Parcequ'il vaut mieux, en effet, prévenir un désastre que d'en poursuivre les
auteurs; parcequ'il est utile que le prince
soit averti de la méfiance ou de la terreur
que pourrait inspirer un tel ministère,
qui ne saurait jamais devenir l'instrument d'une intervention amiable entre
les trois pouvoirs de l'État, comme il
convient à leurs intérêts ; parceque enfin
une telle résolution ne peut porter pré-
judice qu'à ce seul ministère, tandis

qu'elle peut sauver la chose publique, en provoquant l'attention du prince, et en le déterminant à s'aviser dans sa sagesse.

Nous demandons, avant de terminer cet opuscule, dont la matière s'est, malgré nous, étendue sous le marteau, la permission de retourner à notre brochure anonyme, pour y reprendre une objection que l'ordre des idées qui nous ont entraîné nous a forcé de négliger, et que nous avons à cœur de ne point omettre.

Le refus de l'impôt, dit l'auteur, investit la Chambre élective de l'omnipotence parlementaire qui fait la loi, etc... il y a usurpation, etc...

Il y a là confusion ou du moins fausse définition. La loi ne peut résulter que d'un vote positif et de l'accord unanime des trois pouvoirs qui concourent à sa formation. Ce refus de l'impôt n'est qu'un vote négatif qui loin de faire la loi, en arrête la proposition. Cette faculté conférée à la Chambre élective, comme sa prérogative distincte, en constitue le *veto*, dont elle peut user comme d'un droit qui lui est propre, sans sortir du cercle de ses attributions à titre d'autorité instituée, et sans usurpation de l'omnipotence parlementaire, quelles que puissent être les conséquences de l'exercice de ce droit ; car c'est pour agir de toute sa puissance, qu'il lui a été donné. Autrement, il serait ou inutile ou absurde.

L'usurpation, dans le sens politique de notre dissertation, est tout à la fois l'occupation et l'exercice d'un pouvoir qui est hors de nos attributions. Usurper, c'est donc violer la règle constitutive de ses droits et de son être, en tant que chose constituée : c'est donc cesser d'exister à ce titre.

Ainsi il y auroit effectivement usurpation pour chacun des trois pouvoirs qui essaierait de franchir ses limites; car tous sont constitués par un seul et même acte de souveraineté..., la Charte.

L'heureux gouvernement qu'elle a donné à la France est destiné à l'élever au plus haut point de grandeur que puisse atteindre un peuple. Il renferme tous les germes de puissance, de prospérité, de bonheur. Non-seulement parcequ'il satisfait aux besoins de notre époque politique, mais encore parcéque ses formes se prêtent sans efforts, sans secousses, aux perfectionnemens que pourrait réclamer l'avenir. Son influence bienfaisante s'étend depuis le sommet jusqu'à la base de la pyramide sociale. Toutes les intelligences, toutes les industries, tous les labeurs, participent de cette émulation qu'il communique autour de lui par les émanations d'une sage liberté, d'une parfaite égalité devant la loi qui régit la famille entière,

L'instruction qu'il favorise pénètre jus-
que dans la cabane du pauvre. Elle ap-
prend à chacun ses devoirs, elle donne à
tous la noble fierté qui tient à l'estime de
soi-même; elle inspire le patriotisme qui
conduit à la défense du pays, du trône et
des institutions qu'il a fondées. Tous ces
objets chéris, confondus dans une même
affection, composent la patrie, dont le
nom seul fait battre les cœurs généreux.

Mais pour que ces merveilles se réali-
sent, il faut de la bonne foi, de la sincérité dans les trois pouvoirs qui composent
ce gouvernement « De haute intelligence
» et de composition amiable et perpé-
» tuelle » (Rapport de M. le baron Pasquier); il faut de la rectitude et de la
fixité dans les idées et dans les desseins;
il faut de la fermeté et de la loyauté dans
le caractère et dans les démarches. C'est
à ces conditions qu'on acquiert l'estime
des hommes, l'affection des peuples, et

l'influence politique qui doit appartenir à une grande nation, qui n'est point seule sur cette terre, mais qui a des voisins, des amis, des envieux et des ennemis aussi. Quelle considération extérieure, quelle confiance pourrait nous obtenir cette irrésolution, cette versatilité ministérielle qui laisse à peine au secrétaire d'État d'un département le temps de recevoir une réponse à ses dépêches.

Cette incertitude aura son terme : les souvenirs sont si récens ! Les intérêts meurtris touchent encore au fer qui les a blessés. Faut-il donc s'étonner qu'une conception nouvelle qui conserve, pour un grand nombre d'anciennes et grandes existences, un caractère d'étrangeté que n'a point encore surmonté la raison, la résignation ou la nécessité, éprouve tant d'oppositions, tant d'attaques diverses ! Mais ces résistances insensées se consu-

meront en efforts impuissans. L'œuvre
de la sagesse survivra pour leur bonheur
comme pour le nôtre. Ne sommes-nous
pas dans une époque de transition, de
marche progressive? Déjà les fils raison-
nent autrement que leurs pères; arrivera
donc le moment de la paix entre nous,
c'est alors que nous redeviendrons une
nation forte et puissante; car le propre
des gouvernemens constitutionnels étant
d'initier jusques aux masses à la connaissance des vrais intérêts du pays, il en
résulte une opinion qu'on peut appeler
nationale , dont l'influence irrésistible
finit par dominer le ministère et imposer
à son administration, par la seule force
de la raison, une direction plus éclairée
dans la conduite des affaires publiques.
Alors se fondent ce qu'on appelle les
maximes d'État, qui ne sont, pour chaque pays, pour chaque gouvernement,
que les principes qui résultent de la con-

naissance approfondie de ses intérêts
particuliers, de sa véritable destination,
de son avenir enfin; et qui, devenant
pour tous les ministres qui se succèdent
la règle invariable de leur politique, ne
livrent à l'incertitude de leurs vues que
le choix des moyens qui peuvent con-
duire plus sûrement au but. — Pourquoi
ces espérances seraient-elles ajournées?
Quelles heureuses occasions se sont présentées et subsistent encore pour les réa-
liser, et fixer à jamais les hautes destinées de cette belle France à qui le ciel
semble avoir prodigué tous les biens...,
hors la sagesse.

FIN.

9 782012 459526